民族文字出版专项资金资助项目

图书在版编目（CIP）数据

百家姓 : 蒙古文 / 洋洋兔编绘 ; 铁花，赛音贺希格译. -- 沈阳 : 辽宁民族出版社，2024. 6. --（漫画中国）. -- ISBN 978-7-5497-3066-7

Ⅰ. H194.1-49

中国国家版本馆 CIP 数据核字第 2024GV3203 号

百家姓
BAIJIA XING

出版发行者：辽宁民族出版社有限公司
地　　址：沈阳市和平区十一纬路 25 号　邮编：110003
印 刷 者：辽宁新华印务有限公司
幅面尺寸：200mm×276mm
印　　张：6
字　　数：100 千字
出版时间：2024 年 6 月第 1 版
印刷时间：2024 年 6 月第 1 次印刷
责任编辑：王哈申
责任校对：代智敏

标准书号：ISBN 978-7-5497-3066-7
定　　价：25.00 元

邮购热线：024-23284335
淘宝网店：http:// lnmz2013.taobao.com
如有印装质量问题，请与出版社联系调换，联系电话：024-23284340

ᠡᠮᠦᠨᠡᠬᠢ ᠦᠭᠡ

[illegible]

ᠰᠢᠯᠦᠭ ᠨᠣᠮ

ᠭᠠᠷᠴᠠᠭ

[illegible]

[illegible]

[illegible]

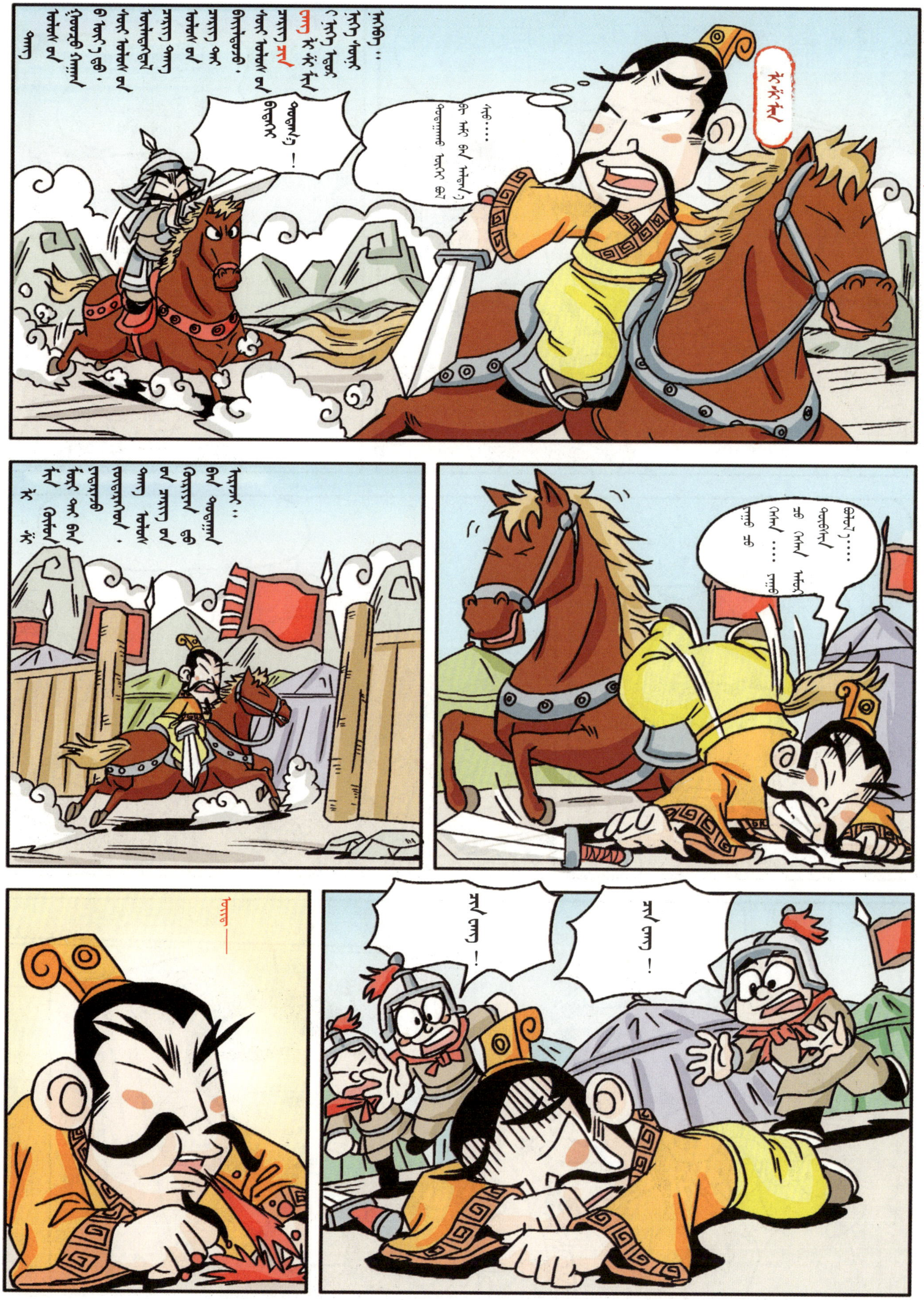

[illegible] ?

[illegible]

[illegible]

ᠶᠠᠭᠤ ᠶᠢ《ᠣᠪᠣᠭ（姓）》ᠭᠡᠳᠡᠭ ᠪᠤᠢ?

[illegible] 《[illegible]（熊）》 [illegible]

女 + 生 = 姓

(ᠡᠮᠡ) (ᠲᠥᠷᠥᠬᠦ) (ᠣᠪᠣᠭ)

(女) (坐)

ᠶᠠᠭᠤ ᠶᠢ《ᠣᠪᠣᠭ（氏）》ᠭᠡᠳᠡᠭ ᠪᠤᠢ?

[illegible] ᠪᠢᠴᠢᠭ᠌ ᠦᠨ ᠪᠣᠭᠳᠠ ᠸᠠᠩ ᠰᠢ ᠵᠢ

[illegible]

ᠬᠡᠯᠡᠬᠦ ᠶᠢᠨ ᠦᠭᠡ

ᠨᠡᠷᠡ ᠲᠠᠢᠯᠪᠤᠷᠢ ᠬᠤᠪᠢ

ᠡᠨᠡ ᠦᠰᠦᠭ ᠦᠨ ᠤᠤᠯ ᠤᠴᠢᠷ ᠨᠢ ᠶᠠᠭᠤ ᠪᠤᠢ ::
ᠡᠨᠡ ᠪᠤᠯ ᠤᠷᠭᠤᠮᠠᠯ ᠤᠨ ᠨᠡᠷ᠎ᠡ ᠪᠤᠯᠤᠨ᠎ᠠ · ᠪᠠᠰᠠ ᠬᠦᠮᠦᠨ ᠦ ᠣᠪᠤᠭ ᠨᠡᠷ᠎ᠡ ᠳᠦ ᠬᠡᠷᠡᠭᠯᠡᠭᠳᠡᠳᠡᠭ · ᠡᠨᠡ ᠦᠰᠦᠭ ᠢ ᠬᠡᠷᠬᠢᠨ ᠤᠩᠰᠢᠬᠤ ᠪᠤᠢ ·
ᠶᠠᠭᠤᠨ ᠪᠤᠢ?

ᠬᠠᠷᠢᠭᠤᠯᠲᠠ ::
ᠶᠢ ᠨᠢ ᠤᠷᠭᠤᠮᠠᠯ ᠤᠨ ᠨᠡᠷ᠎ᠡ ::

ᠶᠠᠭᠤᠨ ᠪᠤᠢ ::
ᠡᠷᠲᠡ《ᠶᠢ（苡）》ᠦᠰᠦᠭ ᠢ（姒）ᠭᠡᠵᠦ ᠪᠢᠴᠢᠳᠡᠭ · 《ᠰᠢ（姒）》ᠶᠢᠨ ᠣᠪᠤᠭ ᠢ ᠪᠠᠰᠠ ᠪᠢᠴᠢᠳᠡᠭ · 《ᠰᠢ》ᠦᠰᠦᠭ ᠨᠢ ᠡᠷᠲᠡᠨ ᠦ · ᠬᠠᠭᠠᠨ ᠤ ᠣᠪᠤᠭ ᠪᠤᠯᠤᠭᠰᠠᠨ · ᠬᠠᠭᠠᠨ ᠤ ᠡᠬᠡ（薏苡）ᠢᠳᠡᠭᠰᠡᠨ ᠤ ᠳᠠᠷᠠᠭ᠎ᠠ ᠬᠦᠦ ᠲᠦᠷᠦᠭᠰᠡᠨ ᠭᠡᠳᠡᠭ ::
ᠠᠯᠳᠠᠷᠰᠢᠯ · ᠬᠠᠭᠠᠨ ᠤ ᠣᠪᠤᠭ ᠢ ᠬᠦᠮᠦᠨ ᠪᠦᠬᠦᠨ ᠬᠦᠨᠳᠦᠯᠡᠳᠡᠭ · ᠡᠨᠡ ᠦᠰᠦᠭ ᠢ ᠣᠪᠤᠭ ᠨᠡᠷ᠎ᠡ ᠳᠦ ᠬᠡᠷᠡᠭᠯᠡᠭᠰᠡᠨ ᠪᠠᠢᠨ᠎ᠠ ·

ᠥᠪᠡᠷᠮᠢᠴᠡ ᠦᠨ ᠦᠰᠦᠭ ᠪᠢᠴᠢᠭ

ᠰᠠᠷᠠᠭᠤᠨ ᠦ ᠡᠷᠲᠡ ᠦᠶ᠎ᠡ · ᠳᠠ ᠶᠦ · ᠬᠠᠭᠠᠨ ᠤ ᠣᠪᠤᠭ ᠪᠤᠯᠤᠭᠰᠠᠨ · ᠬᠠᠭᠠᠨ ᠤ ᠦᠷ᠎ᠡ ᠰᠠᠳᠤ ᠢ ᠡᠨᠡ ᠣᠪᠤᠭ ᠢ ᠬᠡᠷᠡᠭᠯᠡᠭᠰᠡᠨ · ᠣᠯᠠᠨ ᠬᠦᠮᠦᠨ ᠦ ᠣᠪᠤᠭ ᠪᠤᠯᠤᠭᠰᠠᠨ ::
ᠡᠨᠡ ᠦᠰᠦᠭ ᠢ ᠣᠪᠤᠭ ᠨᠡᠷ᠎ᠡ ᠳᠦ ᠬᠡᠷᠡᠭᠯᠡᠳᠡᠭ ᠪᠠᠢᠨ᠎ᠠ ·

ᠣᠪᠤᠭ ᠤᠨ ᠦᠰᠦᠭ ᠪᠢᠴᠢᠭ

柳

[illegible]

[illegible] (巫) [illegible] (巫师) [illegible] (屠) [illegible] (陶) [illegible]

[illegible]

[illegible]

[illegible]

(伯) [illegible]

(仲) [illegible]

(叔) [illegible]

(季) [illegible]

[illegible]

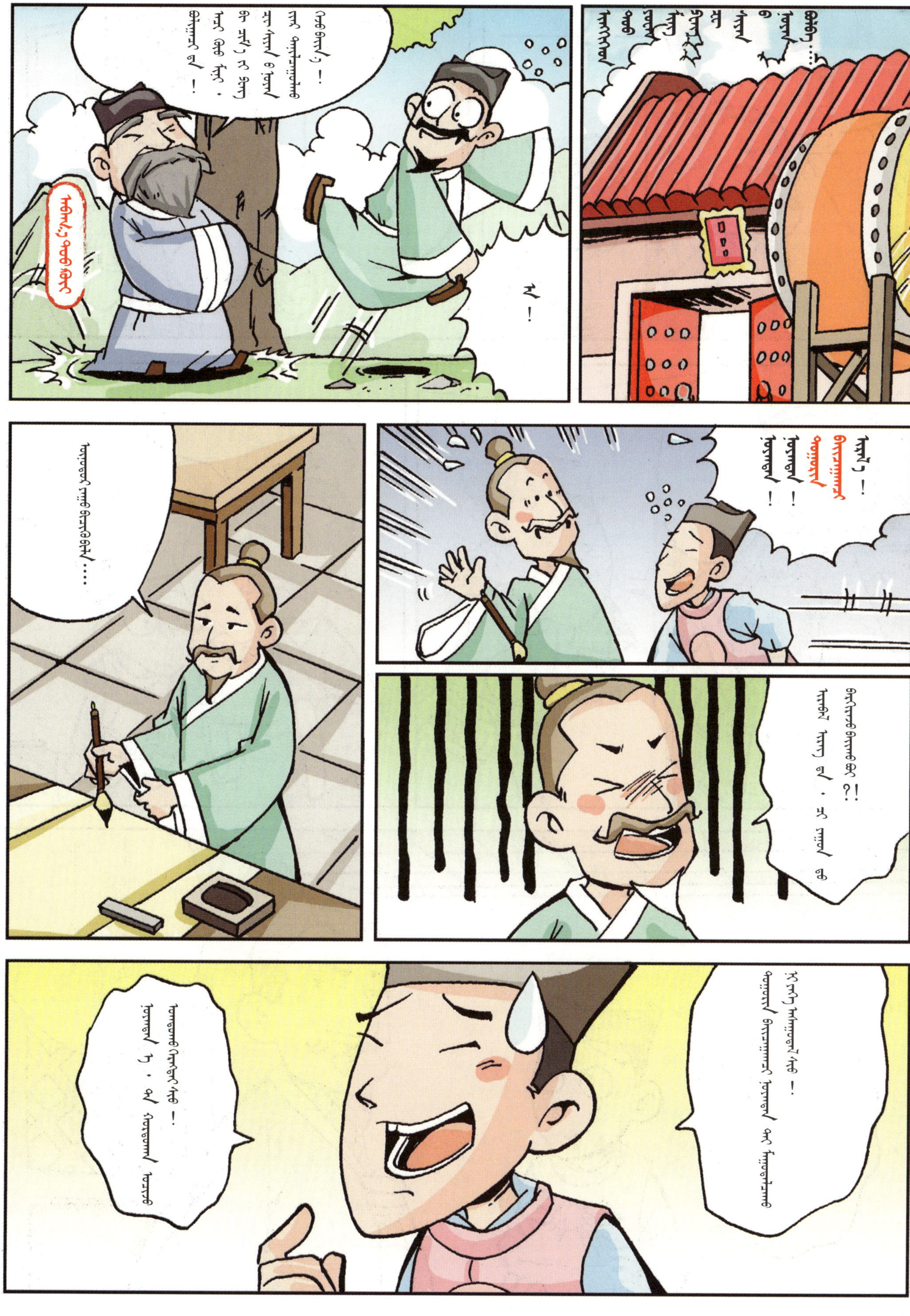

100

ᠮᠡᠳᠡᠯᠭᠡ ᠶᠢᠨ ᠨᠡᠮᠡᠯᠲᠡ

ᠭᠤᠷᠪᠠ ᠬᠠᠤᠯᠢ ᠶᠢᠨ ᠪᠣᠭᠣᠨᠢ ᠬᠠᠤᠯᠢ

ᠪᠣᠭᠣᠨᠢ ᠬᠠᠤᠯᠢ ᠶᠢᠨ ᠲᠤᠬᠠᠢ ᠳᠤ ᠮᠠᠰᠢ ᠶᠢᠨ ᠰᠠᠶᠢᠨ ᠤᠳᠠᠭ᠎ᠠ ᠳᠤ ᠬᠡᠯᠡᠭᠳᠡᠳᠡᠭ ᠪᠠᠶᠢᠨ᠎ᠠ ::
444 ᠣᠨ ᠬᠠᠤᠯᠢ ᠶᠢ ᠲᠡᠮᠳᠡᠭᠯᠡᠪᠡ ᠂ ᠪᠣᠭᠣᠨᠢ ᠬᠠᠤᠯᠢ ᠶᠢ ᠨᠡᠢᠲᠡ 60 ᠭᠠᠷᠤᠢ ᠪᠠᠢᠭ᠎ᠠ ::
ᠪᠠᠷᠢᠭᠰᠠᠨ ᠬᠠᠤᠯᠢ ᠪᠠᠢᠨ᠎ᠠ ᠂ ᠬᠠᠤᠯᠢ ᠶᠢᠨ ᠲᠣᠭ᠎ᠠ ᠳᠤ 《ᠴᠠᠭᠠᠵᠠ ᠬᠠᠤᠯᠢ》 ᠪᠠ
ᠪᠣᠭᠣᠨᠢ ᠬᠠᠤᠯᠢ ᠶᠢ ᠬᠣᠶᠠᠷ ᠤ ᠬᠠᠤᠯᠢ ᠳᠤ ᠬᠠᠤᠯᠢ ᠳᠤ ᠪᠠᠭᠤᠯᠭᠠᠨ ᠨᠡᠮᠡᠭᠳᠡᠬᠦ ᠮᠠᠲᠠᠢ
ᠶᠠᠪᠤᠭᠳᠠᠭᠤᠯᠤᠭᠰᠠᠨ ᠬᠠᠤᠯᠢ ᠶᠢ ᠰᠢᠨᠡᠳᠬᠡᠪᠡ ::
ᠰᠢᠨᠡᠳᠬᠡᠪᠡ ᠂ ᠪᠣᠭᠣᠨᠢ ᠬᠠᠤᠯᠢ ᠶᠢᠨ ᠬᠡᠯᠡᠯᠭᠡ ᠪᠠᠷ ᠵᠢᠷᠤᠮ ᠶᠠᠷᠢᠭᠰᠠᠨ ᠮᠠᠲᠠᠢ
ᠬᠠᠤᠯᠢ ᠪᠣᠯᠤᠨ᠎ᠠ :: ᠣᠨ ᠤ ᠬᠠᠤᠯᠢ ᠶᠢᠨ ᠶᠢᠨ ᠵᠦᠢᠯ ᠬᠡᠮᠡᠭᠳᠡᠬᠦ ᠬᠠᠤᠯᠢ ᠶᠢᠨ
ᠬᠠᠤᠯᠢ ᠶᠢᠨ ᠪᠤᠰᠤᠳ ᠲᠠᠯ᠎ᠠ ᠶᠢᠨ ᠨᠠᠷᠢᠨ ᠬᠡᠰᠡᠭ ᠲᠦ ᠣᠨ ᠤ ᠬᠠᠤᠯᠢ ᠪᠠᠷ ᠪᠣᠭᠣᠨᠢ

ᠪᠣᠯᠵᠣᠯᠠᠭᠤᠯᠤᠭᠰᠠᠨ ᠣᠨ ᠤ ᠬᠠᠤᠯᠢ ᠪᠣᠯᠤᠨ᠎ᠠ ᠭᠡᠳᠡᠭ ::
ᠲᠡᠷᠡ ᠬᠠᠤᠯᠢ ᠪᠠ ᠪᠣᠭᠣᠨᠢ ᠬᠠᠤᠯᠢ ᠶᠢᠨ ᠰᠢᠨᠵᠢ ᠶᠢ ᠬᠣᠶᠠᠷ ᠬᠠᠤᠯᠢ ᠂ ᠰᠢᠭᠦᠭᠴᠢ ᠶᠢᠨ
ᠪᠣᠭᠣᠨᠢ ᠬᠠᠤᠯᠢ ᠳᠤ ᠬᠠᠤᠯᠢᠴᠢᠯᠠᠭᠰᠠᠨ ᠪᠠ ᠬᠠᠤᠯᠢ ᠬᠠᠤᠯᠢ ᠶᠢ ᠰᠢᠨᠵᠢᠯᠡᠬᠦ ᠪᠠᠢᠳᠠᠯ ᠂
ᠪᠣᠭᠣᠨᠢ ᠬᠠᠤᠯᠢ ᠶᠢᠨ ᠲᠣᠭᠲᠠᠭᠠᠯ ᠤᠨ ᠬᠠᠤᠯᠢ ᠪᠣᠯᠤᠨ᠎ᠠ ::
ᠲᠡᠷᠡ ᠴᠠᠭ ᠂ ᠬᠡᠷᠡᠭᠯᠡᠭᠳᠡᠭᠰᠡᠨ ᠪᠠ ᠬᠤᠤᠯᠢ ᠂ ᠣᠨ ᠬᠠᠤᠯᠢ ᠂ ᠲᠡᠷᠡ ᠴᠠᠭ ᠶᠢ
ᠲᠡᠷᠡ ᠪᠣᠭᠣᠨᠢ ᠬᠠᠤᠯᠢ ᠶᠢ ᠰᠠᠢᠳ ᠪᠣᠯᠭᠠᠬᠤ ᠲᠣᠭᠲᠠᠭᠠᠭᠰᠠᠨ ᠲᠡᠷᠡ
ᠲᠣᠭᠲᠠᠭᠠᠭᠳᠠᠨ᠎ᠠ ::

ᠬᠠᠤᠯᠢ ᠪᠣᠯᠤᠨ᠎ᠠ ᠂ ᠰᠢᠭᠦᠭᠴᠢ ᠶᠢ ᠬᠠᠤᠯᠢᠴᠢᠯᠠᠭᠰᠠᠨ ᠰᠢᠭᠦᠬᠦ ᠪᠣᠯᠤᠨ ᠳᠤ
ᠬᠠᠤᠯᠢ ᠶᠢᠨ ᠣᠨ ᠳᠤ ᠪᠣᠯᠤᠨ ᠤ ᠲᠡᠷᠡ ᠰᠠᠢᠳ ᠬᠠᠤᠯᠢ ᠲᠡᠷᠡ ᠲᠡᠷᠡ
ᠶᠠᠪᠤᠭᠳᠠᠭᠤᠯᠬᠤ ᠪᠣᠯᠪᠠ ᠂ ᠬᠠᠮᠤᠭ ᠤᠨ ᠲᠡᠭᠦᠨ ᠢ ᠪᠠᠭᠤᠯᠭᠠᠨ ᠪᠠᠢᠭᠤᠯᠤᠭᠰᠠᠨ ᠪᠠᠢᠨ᠎ᠠ ᠲᠤ
ᠪᠠᠢᠨ᠎ᠠ ᠲᠡᠷᠡ ᠪᠠ ᠲᠡᠷᠡ ᠰᠠᠢᠳ ᠬᠠᠤᠯᠢ ᠶᠢᠨ ᠲᠡᠷᠡ ᠣᠨ ᠤ ᠬᠠᠤᠯᠢ ᠪᠠ ᠲᠡᠷᠡ
ᠰᠠᠢᠳ ᠲᠡᠷᠡ ᠪᠠ ᠳᠤ ᠰᠢᠨᠵᠢ ᠪᠣᠯᠤᠨ᠎ᠠ :: ᠪᠣᠭᠣᠨᠢ ᠶᠢᠨ ᠬᠠᠤᠯᠢ ᠳᠤ ᠣᠨ ᠤ ᠬᠠᠤᠯᠢ ᠪᠠ ᠲᠡᠷᠡ
ᠶᠠᠪᠤᠭᠳᠠᠭᠤᠯᠤᠭᠰᠠᠨ ᠲᠡᠷᠡ ᠴᠠᠭ ᠲᠤ ᠰᠢᠨᠡ ᠬᠠᠤᠯᠢ ᠪᠠᠢᠭᠤᠯᠤᠭᠰᠠᠨ ᠪᠠᠢᠨ᠎ᠠ ::
ᠲᠡᠷᠡ ᠰᠠᠢᠳ ᠪᠠ ᠬᠠᠤᠯᠢ ᠪᠠ ᠲᠡᠷᠡ ᠬᠠᠤᠯᠢ ᠶᠢᠨ ᠲᠡᠷᠡ ᠪᠣᠯᠤᠨ᠎ᠠ ᠂ ᠪᠣᠯᠤᠨ᠎ᠠ ᠳᠤ
ᠪᠠᠢᠨ᠎ᠠ ::

ᠪᠣᠯᠵᠣᠯᠠᠭᠰᠠᠨ ᠣᠨ ᠤ ᠬᠠᠤᠯᠢ ᠲᠡᠷᠡ ᠪᠣᠭᠣᠨᠢ ᠬᠠᠤᠯᠢ ᠶᠢ ᠰᠢᠨᠵᠢᠯᠡᠭᠰᠡᠨ ᠪᠠᠢᠨ᠎ᠠ ᠂ ᠪᠣᠯᠤᠨ ᠤ
ᠰᠢᠨᠵᠢ ᠶᠢᠨ ᠬᠠᠤᠯᠢ ᠪᠠ ᠰᠢᠨᠵᠢᠯᠡᠭᠰᠡᠨ ᠪᠣᠯᠤᠭᠰᠠᠨ ᠪᠠᠢᠨ᠎ᠠ ᠂ ᠪᠣᠯᠤᠨ᠎ᠠ
ᠲᠡᠷᠡ ᠪᠠ ᠪᠠᠢᠨ᠎ᠠ ᠂ ᠲᠡᠷᠡ ᠬᠠᠤᠯᠢ ᠶᠢᠨ ᠰᠠᠢᠳ ᠂ ᠲᠡᠷᠡ ᠰᠠᠢᠳ ᠲᠡᠷᠡ ᠪᠠᠢᠨ᠎ᠠ ᠂ ᠲᠡᠷᠡ
ᠲᠡᠷᠡ ᠪᠣᠭᠣᠨᠢ ᠬᠠᠤᠯᠢ ᠶᠢᠨ ᠬᠠᠤᠯᠢ ᠶᠢᠨ ᠲᠡᠷᠡ ᠣᠨ ᠤ ᠰᠢᠨᠵᠢᠯᠡᠬᠦ ᠲᠡᠷᠡ ᠲᠡᠷᠡ

ᠪᠣᠭᠣᠨᠢ ᠬᠠᠤᠯᠢ ᠶᠢᠨ ᠰᠢᠨᠵᠢ ᠳᠡᠭᠡᠷᠡᠬᠢ ᠪᠤᠢ ᠦ ?

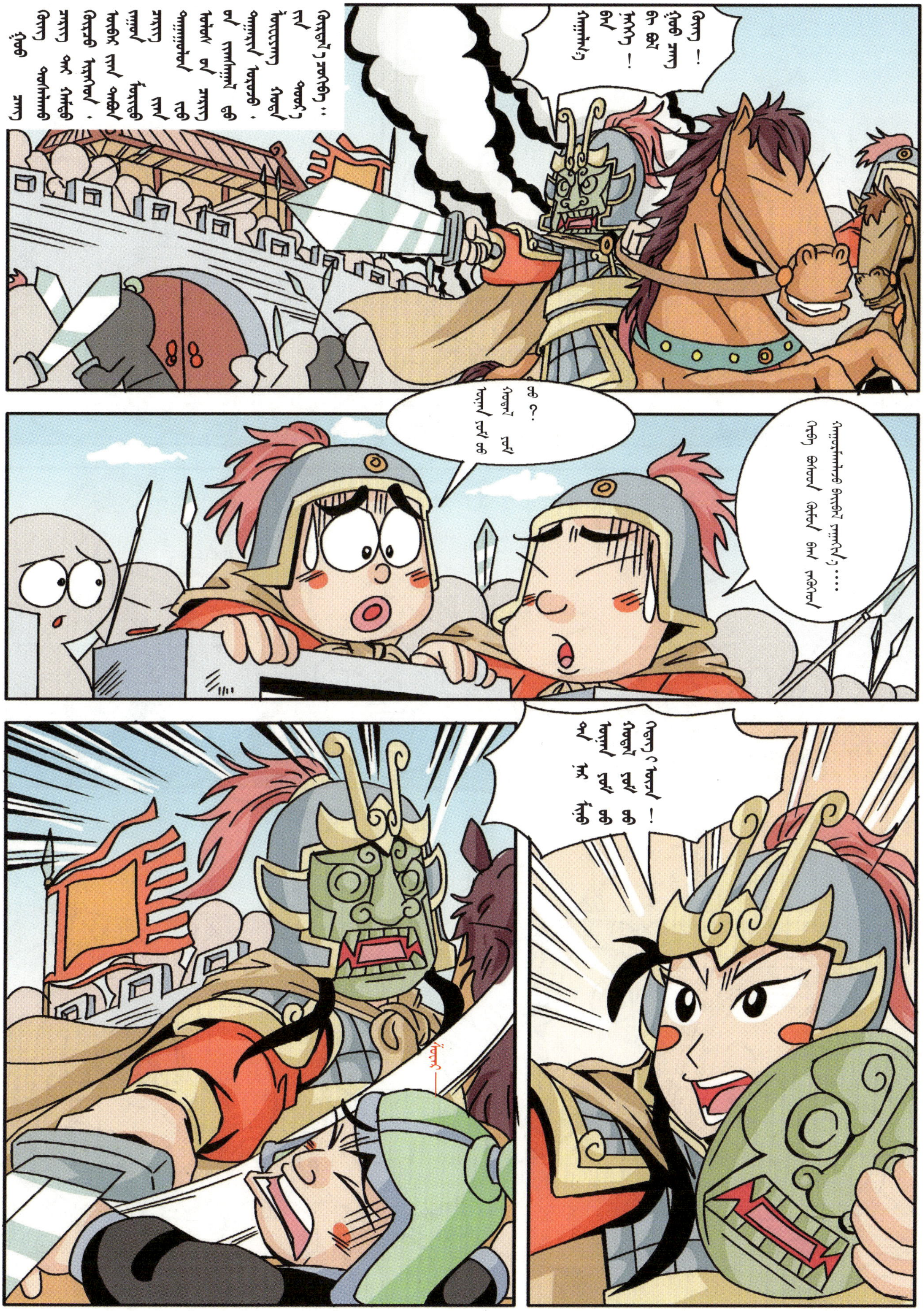

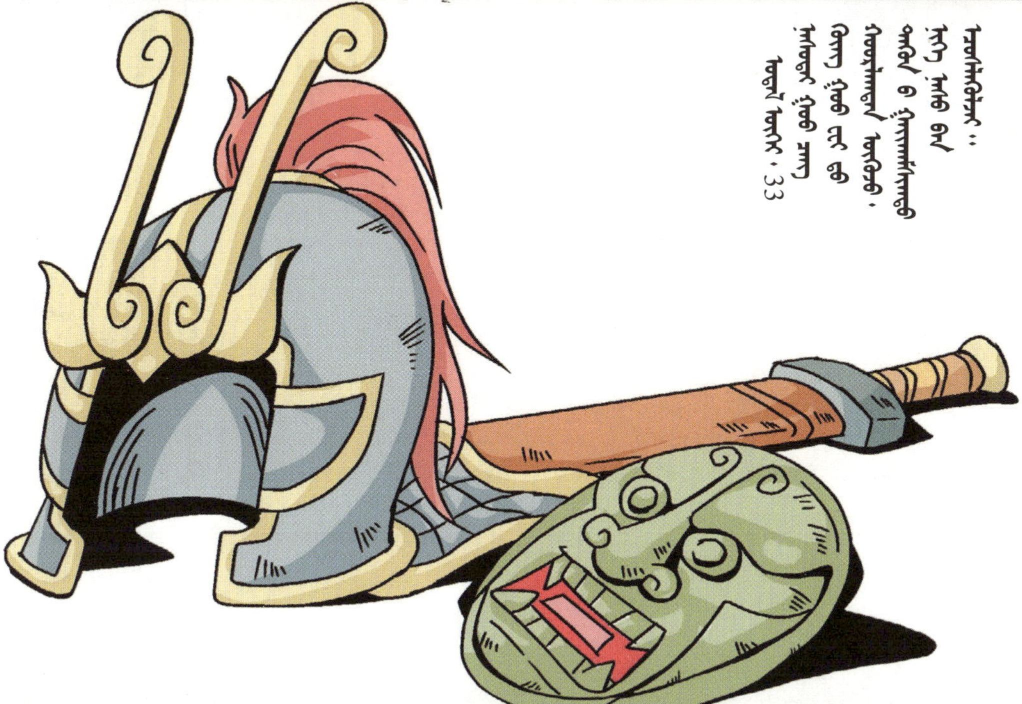

ᠮᠡᠳᠡᠯᠭᠡ ᠶᠢᠨ ᠰᠠᠩ

ᠭᠠᠳᠠᠭᠠᠳᠤ ᠶᠢᠨ ᠬᠦᠮᠦᠰ ᠴᠦ ᠣᠪᠤᠭ ᠲᠠᠢ ᠤᠤ ?

ᠶᠠᠫᠣᠨ ᠬᠦᠮᠦᠰ ᠦᠨ ᠣᠪᠤᠭ ᠨᠡᠷ᠎ᠡ ᠶᠢᠨ ᠲᠡᠦᠬᠡ ᠨᠢ ᠵᠢᠷᠤᠭᠠᠨ ᠳᠠᠯᠠᠭᠠᠳ ᠣᠨ ᠦ ᠡᠮᠦᠨ᠎ᠡ ᠡᠴᠡ ᠡᠬᠢᠯᠡᠭᠰᠡᠨ ᠪᠠᠢᠨ᠎ᠠ ᠂ ᠣᠳᠣ ᠶᠠᠫᠣᠨ ᠳᠤ ᠣᠪᠤᠭ ᠨᠡᠷ᠎ᠡ 10 ᠭᠠᠷᠤᠢ ᠲᠦᠮᠡᠨ (ᠣᠪᠤᠭ ᠨᠡᠷ᠎ᠡ ᠶᠢᠨ ᠲᠣᠭ᠎ᠠ ᠬᠠᠮᠤᠭ ᠣᠯᠠᠨ ᠤᠯᠤᠰ ᠤᠨ ᠨᠢᠭᠡ) ᠪᠠᠢᠳᠠᠭ ᠪᠠᠢᠨ᠎ᠠ ᠂ ᠰᠣᠯᠣᠩᠭᠤᠰ ᠤᠨ ᠣᠪᠤᠭ ᠨᠡᠷ᠎ᠡ ᠶᠢᠨ ᠲᠡᠦᠬᠡ ᠮᠢᠩᠭ᠎ᠠ ᠭᠠᠷᠤᠢ ᠵᠢᠯ ᠪᠣᠯᠵᠠᠢ ᠂ ᠬᠠᠮᠤᠭ ᠣᠯᠠᠨ ᠲᠤ ᠬᠡᠷᠡᠭᠯᠡᠭᠳᠡᠭ ᠣᠪᠤᠭ ᠨᠢ 15 ᠭᠠᠷᠤᠢ ᠲᠦᠮᠡᠨ) ᠪᠣᠯᠤᠨ᠎ᠠ (5 ᠲᠦᠮᠡᠨ ᠣᠪᠤᠭ ᠨᠡᠷ᠎ᠡ ᠲᠡᠭᠦᠨ ᠦ ᠳᠣᠲᠣᠷ᠎ᠠ ᠪᠠᠢᠳᠠᠭ) ᠪᠠᠢᠨ᠎ᠠ ᠄ ᠠᠩᠭ᠌ᠯᠢ ᠶᠢᠨ ᠬᠦᠮᠦᠰ ᠦᠨ ᠣᠪᠤᠭ ᠨᠡᠷ᠎ᠡ 600 ᠵᠢᠯ ᠦᠨ ᠲᠡᠦᠬᠡ ᠲᠡᠢ ᠂ ᠬᠢᠲᠠᠳ ᠤᠨ ᠣᠪᠤᠭ ᠨᠡᠷ᠎ᠡ ᠶᠢᠨ ᠲᠡᠦᠬᠡ ᠨᠢ ᠬᠠᠮᠤᠭ ᠤᠷᠲᠤ ᠪᠣᠯᠤᠨ᠎ᠠ ᠂ ᠲᠠ ᠪᠣᠳᠣᠭᠠᠷᠠᠢ ᠳᠡ !

ᠲᠡᠳᠡᠨ ᠦ ᠣᠪᠤᠭ ᠨᠡᠷ᠎ᠡ ᠨᠢ ᠡᠩ ᠤᠨ ᠡᠳ᠋ ᠪᠠᠷᠠᠭ᠎ᠠ ᠂ ᠠᠮᠢᠳᠠᠨ ᠤ ᠨᠡᠷ᠎ᠡ ᠂ ᠭᠠᠵᠠᠷ ᠤᠨ ᠨᠡᠷ᠎ᠡ ᠵᠡᠷᠭᠡ ᠡᠴᠡ ᠭᠠᠷᠤᠭᠰᠠᠨ ᠣᠪᠤᠭ ᠨᠡᠷ᠎ᠡ ᠪᠠᠢᠨ᠎ᠠ ᠄

100 ᠵᠢᠯ ᠪᠣᠯᠵᠠᠢ

1000 ᠵᠢᠯ ᠪᠣᠯᠵᠠᠢ

600 ᠵᠢᠯ ᠪᠣᠯᠵᠠᠢ

2500 ᠵᠢᠯ ᠪᠣᠯᠵᠠᠢ

ᠣᠪᠤᠭ ᠨᠡᠷ᠎ᠡ ᠶᠢᠨ ᠲᠡᠦᠬᠡ

ᠪᠢ ᠴᠦ ᠣᠪᠤᠭ ᠲᠠᠢ ᠰᠢᠦ ᠄

ᠪᠢ ᠴᠦ ᠣᠪᠤᠭ ᠲᠠᠢ ᠰᠢᠦ ᠄

ᠯᠢᠨᠺᠣᠯᠨ

ᠪᠣᠰᠢᠷᠠᠭ᠎ᠠ

ᠠᠩᠭ᠌ᠯᠢ ᠶᠢᠨ ᠣᠪᠤᠭ ᠨᠡᠷ᠎ᠡ

(ᠪᠤᠰᠤ) , Bush (ᠪᠤᠰᠤ) ᠄

ᠠᠮᠢᠳᠠᠨ ᠤ ᠨᠡᠷ᠎ᠡ ᠡᠴᠡ ᠭᠠᠷᠤᠭᠰᠠᠨ ᠣᠪᠤᠭ , ᠵᠢᠱᠢᠶᠡᠯᠡᠪᠡᠯ : Fox (ᠦᠨᠡᠭᠡ) , Wolf (ᠴᠢᠨᠣ᠎ᠠ) , Lincoln (ᠯᠢᠨᠺᠣᠯᠨ) ;

ᠭᠠᠵᠠᠷ ᠤᠨ ᠨᠡᠷ᠎ᠡ ᠡᠴᠡ ᠭᠠᠷᠤᠭᠰᠠᠨ ᠣᠪᠤᠭ , ᠵᠢᠱᠢᠶᠡᠯᠡᠪᠡᠯ : London (ᠯᠣᠨᠳᠣᠨ) , Sheffield (ᠱᠸᠹᠹᠢᠯᠳ) ;

ᠪᠡᠶ᠎ᠡ ᠶᠢᠨ ᠡᠷᠲᠡᠨ ᠦ ᠨᠡᠷ᠎ᠡ ᠡᠴᠡ ᠭᠠᠷᠤᠭᠰᠠᠨ ᠣᠪᠤᠭ , ᠵᠢᠱᠢᠶᠡᠯᠡᠪᠡᠯ : Hill (ᠭᠠᠷ ——手) , Arms (ᠭᠠᠷ ——胳膊) ;

ᠦᠩᠭᠡ ᠡᠴᠡ ᠭᠠᠷᠤᠭᠰᠠᠨ ᠣᠪᠤᠭ , ᠵᠢᠱᠢᠶᠡᠯᠡᠪᠡᠯ : Back (ᠨᠢᠷᠤᠭᠤ) , Hand (ᠭᠠᠷ) , Brown (ᠪᠤᠷᠠᠯ) ;

ᠮᠡᠷᠭᠡᠵᠢᠯ ᠡᠴᠡ ᠭᠠᠷᠤᠭᠰᠠᠨ ᠣᠪᠤᠭ , ᠵᠢᠱᠢᠶᠡᠯᠡᠪᠡᠯ : Short (ᠪᠠᠭᠤᠬᠠᠨ , ᠪᠠᠭ᠎ᠠ) , Smith (ᠳᠠᠷᠬᠠᠨ ᠤ ᠠᠵᠢᠯ) , Baker (ᠲᠠᠯᠬ᠎ᠠ ᠪᠠᠷᠢᠭᠴᠢ) ;

ᠬᠡᠯᠡᠨ ᠵᠡᠷᠭᠡ ᠪᠠᠢᠨ᠎ᠠ :

ᠭᠠᠳᠠᠭᠠᠳᠤ ᠶᠢᠨ ᠣᠪᠤᠭ ᠨᠡᠷ᠎ᠡ ᠶᠢᠨ ᠲᠡᠦᠬᠡ ᠪᠣᠯ ᠬᠢᠲᠠᠳ ᠤᠨ ᠡᠴᠡ ᠪᠠᠭ᠎ᠠ ᠪᠠᠢᠳᠠᠭ :

ᠬᠢᠲᠠᠳ ᠤᠨ ᠣᠪᠤᠭ ᠨᠡᠷ᠎ᠡ ᠶᠢᠨ ᠲᠡᠦᠬᠡ ᠳᠤ ᠬᠠᠷᠢᠴᠠᠭᠤᠯᠪᠠᠯ ᠂ ᠠᠩᠭ᠌ᠯᠢ ᠶᠢᠨ ᠣᠪᠤᠭ ᠨᠡᠷ᠎ᠡ 13 — 14 ᠵᠠᠭᠤᠨ ᠵᠢᠯ ᠦᠨ ᠦᠶ᠎ᠡ ᠳᠦ ᠰᠠᠶᠢ ᠪᠤᠢ ᠪᠣᠯᠤᠭᠰᠠᠨ

[illegible]

[illegible]

(Ólafur Jónsson)
(Bryndís Jónsdóttir)
(Einar Hjálmarsson)
(Jón Einarsson)

[illegible]

ᠬᠦᠮᠦᠨ ᠪᠡᠶ᠎ᠡ ᠶᠢᠨ ᠨᠢᠭᠤᠴᠠ

ᠬᠦᠮᠦᠨ ᠪᠡᠶ᠎ᠡ ᠶᠢᠨ ᠦᠨᠳᠦᠷ ᠢ ᠬᠡᠮᠵᠢᠶᠡᠬᠦ ᠳᠦ ... 19 ... 100 ... ᠪᠣᠯᠤᠨ᠎ᠠ ᠃

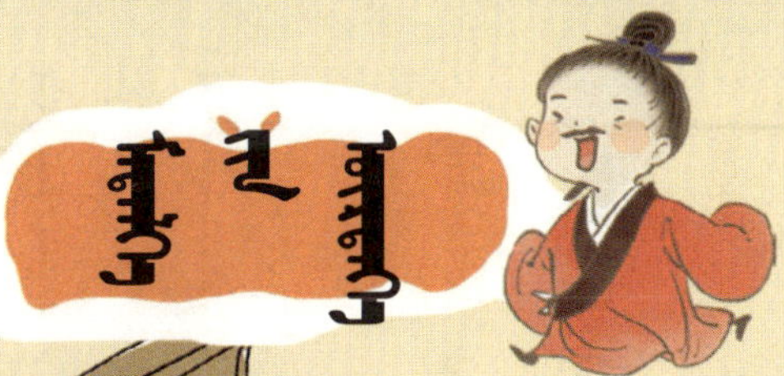